Er ist ein Vorschulkind im Kindergarten. Er ist Lenas kleiner Bruder und manchmal ein bisschen tollpatschig.

Er ist der Uropa von Lena, Timo und Jakob.

Uropa Ludwig, fast 90 Jahre

Er geht in die 4. Klasse und ist der Cousin von Lena und Timo. Jakob liest gern und weiß schon eine ganze Menge.

Die geheimnisvolle alte Truhe

Herausgeber Infraserv GmbH & Co. Höchst KG,
Industriepark Höchst, 65926 Frankfurt am Main
www.infraserv.com

Buchkonzept Köhl et Feling GbR, Bad Soden
Autorinnen und Lektorat Claudia Köhl und Nicole Feling
Illustrationen und Gestaltung Michaela Kramer
Produktion KOMMINFORM, Print und Produktions GmbH, Kriftel

Printed in Germany
ISBN 978-3-95542-033-8
Societäts-Verlag, Frankfurt am Main
www.societaets-verlag.de

klimaneutral
natureOffice.com | DE-232-972234
gedruckt

FSC
www.fsc.org
MIX
Papier aus verantwortungsvollen Quellen
FSC® C101801

Inhalt

Kapitel 1

In dem alles mit einer Entdeckung auf dem Dachboden beginnt

„Na super, das ist ja wieder voll ungerecht", denkt sich Lena. Ausgerechnet heute, wo sie mit Charlotte und ihrem Cousin Jakob verabredet ist, muss sie auf ihren kleinen Bruder Timo aufpassen. Denn Mama und Papa wollen das alte Haus von Uropa Ludwig ausräumen. Uropa muss nämlich ins Altersheim, und weil er schon fast 90 Jahre alt ist, kann er sich natürlich nicht mehr um den Umzug kümmern. „Hallo ihr Vier", ruft Mama Martina aus der Küche. „Steht doch bitte nicht im Weg herum. Ihr könnt euch besser mal nützlich machen und oben auf dem Dachboden nachschauen, was Opa Ludwig da so alles gehortet hat. Wahrscheinlich muss der ganze alte Kram weg!"

Lena, Charlotte, Jakob und Timo steigen etwas missmutig über die ausgetretenen Stufen hinauf, bis es nicht mehr weiter geht. „Puh, die ist ganz schön schwer", meint Lena, die mutig vorangegangen ist und die Dachbodenklappe geöffnet hat. „Wie dunkel es hier ist, und es riecht auch ganz schön komisch", meint Timo etwas ängstlich. Als sich alle ein bisschen an das schummrige Licht gewöhnt haben, bleibt ihnen der Mund vor Staunen offen stehen. „Wow, wie sieht's denn hier aus?", sagt Charlotte als Erste. Alte Lampen, ein kleines Tischchen, ein verstaubtes Bücherregal und sogar ein paar ausgestopfte Vögel liegen in der Ecke.

„Huuuch", ruft Timo. „Das ist richtig gruselig." Am anderen Ende des Dachbodens hat Jakob eine Entdeckung gemacht. „Hallo! Dies ist doch nicht etwa eine alte Piraten-Schatztruhe?", strahlt er. „Die sollten wir uns auf jeden Fall mal genauer ansehen …"

Ganz vorsichtig hebt Lena den Deckel der Truhe hoch … „Lass mal sehen", meint Charlotte ungeduldig und zieht einen bunten Stoff hervor. „Das sind ja fast die gleichen Farben wie die in meinem neuen Shirt", sagt sie überrascht. „Was hat der Uropa damit vor?" – „Natürlich nichts, er ist doch jetzt im Altersheim", bemerkt Jakob etwas genervt und findet in der Truhe eine Scheibe mit vielen Farbfeldern. Erstaunt dreht er die Scheibe hin und her. „Hat der Uropa eigentlich viel gemalt?", grübelt Jakob. „Ja, klar, mit mir", ruft Timo aus der anderen Ecke. „Er hatte immer so schöne Buntstifte." – „Und was ist das hier?", fragt Lena und zieht ein Foto mit einem bunten Turm aus der Truhe. „Den hab' ich irgendwo schon mal gesehen", sagt sie nachdenklich. „Kommt, wir fragen mal Mama, ob sie uns erklären kann, was diese Dinge zu bedeuten haben." Und schon poltern alle Vier die Treppen hinunter …

Was sind eigentlich Farben?

Farben machen Dinge bunt

Sie kommen auch in der Natur vor, zum Beispiel in der Erde oder in Pflanzen. Fachleute unterscheiden dabei zwischen Farbstoffen und Pigmenten: Farbstoffe lösen sich in Wasser, Pigmente dagegen sind ein feines Pulver, das sich nicht in Wasser löst.

Auch in unserem Körper gibt es Farbpigmente. Sie sind zuständig für die Farbe unserer Augen, Haare, Haut oder unseres Blutes.

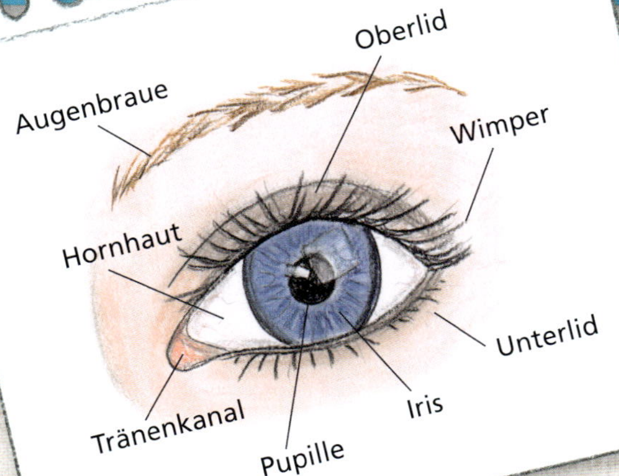

Wer hätte das gedacht?

Johann Wolfgang von Goethe war nicht nur einer der bekanntesten deutschen Dichter, sondern entwickelte auch eine Farbenlehre.

Schon als kleiner Junge war er oft in der Natur unterwegs und beobachtete die unterschiedlichen Farben und ihre Wirkungen.

Grün bleibt Grün

Bevor die Menschen Farben chemisch herstellen konnten, wurden die Kleider nur **mit Pflanzenfarbstoffen eingefärbt.** Der Nachteil: Die Farben sehen in künstlichem Licht anders aus oder **verblassen mit der Zeit durch die Einwirkung des Sonnenlichts.**

Erst seit etwa Mitte des 19. Jahrhunderts kann man sogenannte **„lichtechte" Farben chemisch herstellen,** die auch bei längerer intensiver Bestrahlung noch leuchtend schön sind. Das war ein großer Fortschritt, auch für die Modeindustrie.

Die bunte Welt der Farbstoffe und Pigmente

Farben finden wir **überall in der Natur:** bunte Blumen auf Sommerwiesen, der strahlende Regenbogen oder farbenprächtige Papageien. **Farben können aber auch chemisch hergestellt werden,** und zwar in großen Industrieanlagen, wie etwa denen im Industriepark Höchst. Dort werden jährlich **tausende Tonnen sogenannter Farbpigmente produziert.** Diese Farbpigmente braucht man, um Gegenstände wie Spielsachen, Papier oder Haushaltsartikel aus Kunststoff einzufärben. Auch in Farben zum Malen, Streichen oder Drucken stecken Farbpigmente. So wird unser Alltag viel bunter und vielfältiger, genauso wie in der Natur.

Echte Berühmtheiten

Die ersten Chemieanlagen auf dem heutigen Gelände des Industrieparks Höchst produzierten Farbstoffe. **Das erste Produkt war ein roter Farbstoff mit dem Namen Fuchsin.** Daher nannte man die Gebäude auch lange Zeit die „Rotfabrik" und die Arbeiter in den Anlagen die „Rotfabriker".

Einige Farbpigmente von heute sind sogar richtig berühmt und daher unverwechselbar, wie beispielsweise das **Rot für die coolen Sportwagen** oder das **Lila für die Schokoladenpackung.** Auch Pigmente aus dem Industriepark Höchst sorgen für solche weltberühmten, unverwechselbaren Farben.

Wir kennen alle die drei Grundfarben Rot, Blau, Gelb. Wenn man je zwei dieser Farben miteinander mischt, erhält man Lila, Orange und Grün. **Der Farbkreis erklärt, welche Farbtöne bei den Mischungen entstehen.** Das kann man prima **im Kunstunterricht selbst ausprobieren.**

Technisch können heute unzählige Farbtöne hergestellt werden, **durch das Mischen von Farbpigmenten oder Farbstoffen.** Dies funktioniert ähnlich wie beim Kochen, nämlich nach einer bestimmten Rezeptur. Am Ende wird daraus dann etwa Himmelblau, Erdbeerrot oder Grasgrün.

Farben machen fröhlich

Schöne Farben können sich positiv auf unsere Stimmung auswirken. Damit sich die Menschen auch am Arbeitsplatz wohlfühlen, werden deshalb viele **Industrieanlagen farbig angestrichen.** Der **Farbkomponist Friedrich Ernst von Garnier** hat sich dafür eine passende Farbpalette ausgedacht.

Auch in der Mode spielen Farben eine ganz wichtige Rolle. Mal sind knallfarbene Hosen cool, mal liegen Erdfarben im Trend. Manchen Menschen stehen **„warme" Farben** wie Rot oder Orange besser als **„kalte" Farben** wie Blau oder Grün. Mit einem T-Shirt in der Lieblingsfarbe fühlt man sich richtig gut!

Kapitel 2

In dem die vier Spürnasen ganz aufgeregt weitersuchen

„Hast du gewusst, dass es gar nicht so einfach war, herauszufinden, wie man Dinge bunt einfärben kann?", fragt Charlotte ihre Freundin Lena, die sich genüsslich ein Stück Schokolade im Mund zergehen lässt. „Nein, darüber habe ich mir auch noch nie Gedanken gemacht", sagt sie. „Aber wichtig ist es ja schon gewesen, Farbstoffe zu entwickeln. Stell dir mal vor, unsere Spielsachen wären nur weiß, grau oder schwarz – wie langweilig!" – „Ja, und es gäbe ja auch nicht so viele coole, knallige Klamotten", meint Charlotte. „Das ist ja wieder typisch Mädchen", stichelt Jakob. „Nur Mode und so einen Kram im Kopf. Habt ihr eigentlich mitgekriegt, was Tante Martina erzählt hat? Nicht weit von hier, im Industriepark Höchst, werden Pigmente für Autolacke, Spielsachen und Verpackungen hergestellt." – „Die Farbe der Verpackung ist mir eigentlich egal", meint Timo und wischt sich seinen Schokomund ab. „Hauptsache, die Schokolade schmeckt so lecker wie diese hier."

Mit ihren Fundstücken aus der Truhe in der Hand klettern die Vier wieder zurück auf den Dachboden. Mama hatte sich gewundert, woher das Stück Stoff, der Farbkreis und das Foto stammen. Aber sie konnte alle Fragen der Kinder beantworten, weil sie selbst als Chemielaborantin im Industriepark Höchst arbeitet. „So, und jetzt zieht wieder los, damit ich weiterkomme", sagte sie und drückte Timo eine Tafel Schokolade in die Hand.

„Wer weiß, was wir noch in der Truhe finden." Jakob ist ganz aufgeregt und als Erster wieder oben angekommen. Mit einem Knall lässt er den Truhendeckel nach hinten fallen. „Mensch, pass auf, leise! Wir wollen doch nicht, dass Papa und Mama merken, was wir hier Spannendes entdeckt haben", sagt Lena. Vorsichtig holt sie eine uralte, leere Medizinflasche aus Glas aus der Truhe. „Wow, die ist echt

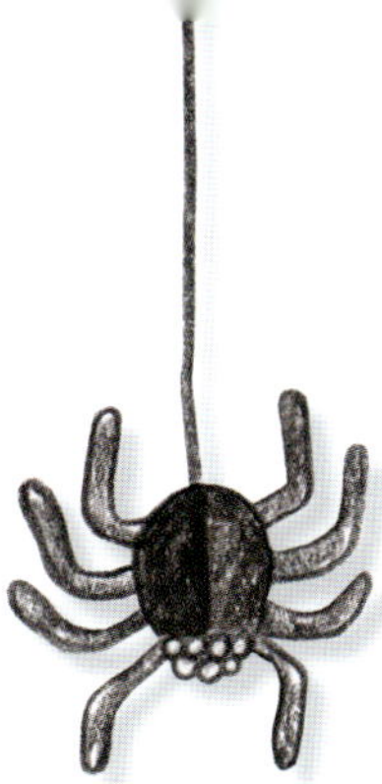

von anno dazumal", staunt Charlotte. „Das Etikett kann man kaum noch lesen. Aber vielleicht geht es damit." Und schon hat sie eine verstaubte Lupe in der Hand und hält sie vor ihr Auge, um Timo zu erschrecken. „Hör auf damit!", ruft Timo. „Schaut mal lieber, was ich hier gefunden habe", sagt Lena. „Sieht aus wie ein Füller", meint Timo wie aus der Pistole geschossen. Aber beim näheren Hinsehen entdecken sie, dass sich am Ende des merkwürdigen Füllers keine Feder, sondern eine winzige, feine Nadel befindet. „Das verstehe ich nicht", meint Lena. „Vielleicht finden wir die Lösung für diese Rätsel in diesem Buch hier", sagt Jakob und fängt an zu blättern. „Ob uns das weiterhilft?" – „Komm, lies doch mal vor", sagt Charlotte. Gebannt hören sie Jakob zu …

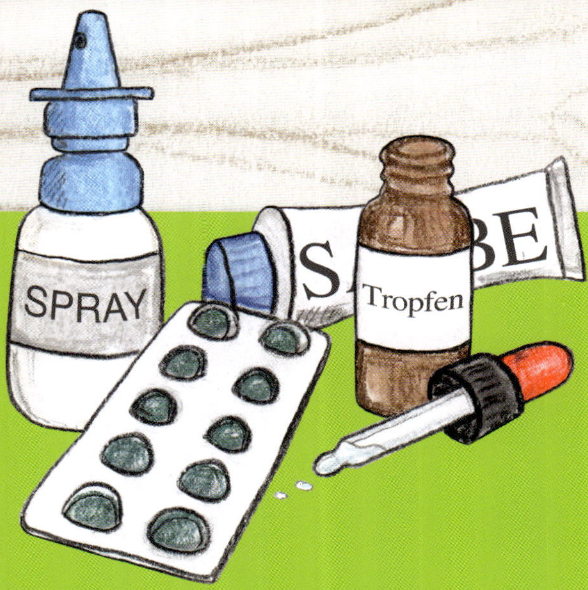

Medikamente helfen Leben zu retten

Überall auf der Welt leiden Menschen an Krankheiten. Manche sind bis heute trotz wirksamer Medikamente nur schwer zu behandeln und lebensbedrohlich, bei anderen helfen häufig Medikamente. Unzählige Forscher weltweit suchen mit Hilfe modernster Forschungsmethoden nach neuen Wirkstoffen. Das kostet viele Milliarden Euro, ist aber nötig, damit auch Krankheiten wie AIDS oder Krebs in Zukunft heilbar sind.

Im Industriepark Höchst werden jedes Jahr große Mengen von Wirkstoffen für Medikamente in den Anlagen hergestellt, abgefüllt, verpackt und als Tabletten, Infusionen oder Spritzen in die ganze Welt verschickt.

Diese unterschiedlichen Medikamentenformen sind wichtig: Sie erleichtern die Einnahme eines Medikaments und bringen den enthaltenen Wirkstoff an die richtige Stelle im Körper, ohne dass er dabei zerstört wird – zum Beispiel durch die Magensäure.

Medikamente schmecken nicht immer lecker, aber sie können Menschen und Tiere oft wieder gesund machen.

Zuviel Zucker macht krank

Das Hormon Insulin hat in unserem Körper die Aufgabe, Zucker aus dem Blut in die Muskeln zu transportieren. Denn nur dadurch werden sie stark und wir bekommen Energie. Insulin wird in der Bauchspeicheldrüse hergestellt. Bei Millionen von Menschen funktioniert das leider nicht. Sie haben die Krankheit Diabetes. Entweder kann ihre Bauchspeicheldrüse kein Insulin herstellen: Das ist Diabetes Typ 1 und leider angeboren. Oder sie haben Diabetes Typ 2, der sich erst im Laufe des Lebens entwickelt, zum Beispiel durch zu wenig Bewegung und Übergewicht.

Heute erkranken sogar schon Kinder an dieser Form, die früher Altersdiabetes genannt wurde. Damit das Blut der Diabetiker nicht „verzuckert" und sie dadurch schwer krank werden, müssen sich die meisten Insulin spritzen. Gott sei Dank ist das heute einfach, dank einer tollen Erfindung: dem Insulin-Pen. Er sieht fast aus wie ein Füllfederhalter, enthält das gelöste Insulin, ähnlich wie in einer Tintenpatrone und hat eine ganz dünne, feine Nadel, deren Pieks man kaum spürt.

Im Industriepark Höchst steht eine der weltweit größten und modernsten „Insulinfabriken". Dort produzieren Bakterien die modernsten Insuline nach biotechnischen Verfahren.

Das juckt mich nicht mehr!

Trotz moderner Medikamente nehmen viele Krankheiten zu, zum Beispiel Allergien. **Die bekannteste Allergie ist der „Heuschnupfen".** Darunter leiden viele Millionen Menschen, auch viele Kinder.

Aber was ist eigentlich eine Allergie? Das ist eine **heftige Reaktion des Körpers auf bestimmte Auslöser** wie Pollen, Tierhaare oder Nahrungsmittel. Die allergische Reaktion führt zu Nasenjucken, Augenbrennen, Hautausschlägen oder gar zu einem Schock, der lebensbedrohlich sein kann.

Auch wenn man bis heute nicht weiß, wie Allergien geheilt werden können, **helfen Medikamente wie Augentropfen, Nasensprays oder Tabletten** gegen die Beschwerden. Ein Wirkstoff für diese Medikamente wird auch im Industriepark Höchst hergestellt.

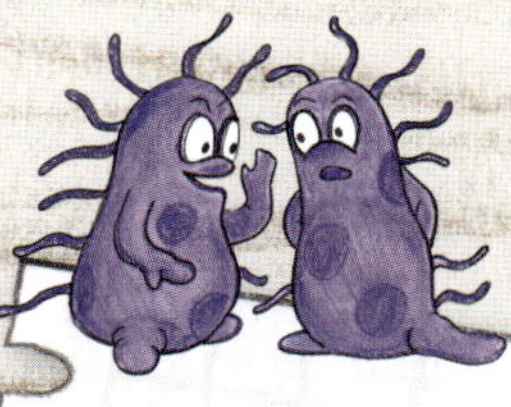

Wer hätte das gedacht?

Bakterien können sehr hilfreich sein

Früher wurde **Insulin aus Bauchspeicheldrüsen von Schweinen** gewonnen. Das war sehr aufwändig, und außerdem könnte man heute gar nicht so viele Schweine schlachten, wie Insulin gebraucht wird. Denn immer mehr Menschen weltweit erkranken an Diabetes. **Heute sind Bakterien die Produzenten,** und zwar Coli-Bakterien, denen die Erbinformation für eine Vorstufe von Insulin eingepflanzt wurde.

In riesigen Kesseln, den sogenannten Fermentern, werden **große Mengen dieser veränderten Bakterien gezüchtet.** In einem komplizierten Ablauf wird die Insulinvorstufe daraus gewonnen, weiterverarbeitet und gereinigt, bis schließlich reines Insulin vorliegt. Insulin ist übrigens das erste Medikament überhaupt, das **gentechnisch hergestellt** wurde.

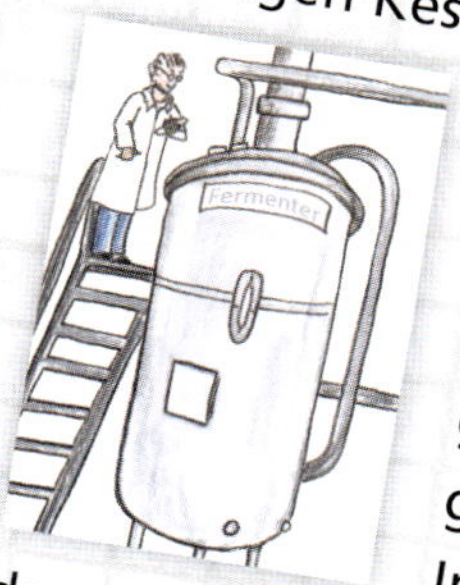

Alexander Fleming

Die wertvollsten Pilze der Welt

Der **Schimmelpilz „Penicillium notatum"** hilft Leben zu retten. Er stellt **das bekannteste Antibiotikum, das „Penicillin"** her. Entdeckt wurde dieser Pilz im vergangenen Jahrhundert per Zufall durch den **Mikrobiologen Alexander Fleming.**

„Penicillius" ist lateinisch und bedeutet Pinsel (der Pilz hatte diese Form). Im Industriepark Höchst werden **Weiterentwicklungen des Penicillins heute in großen Mengen in riesigen Behältern hergestellt.** Diese wirken bei vielen schweren Infektionen wie Lungen- oder Hirnhautentzündung lebensrettend.

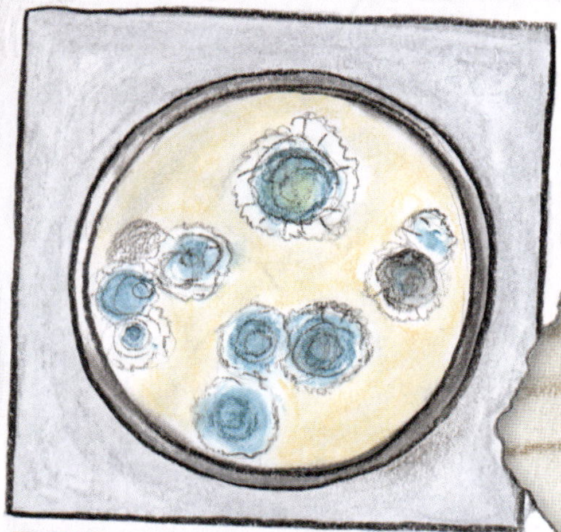

DER SCHIMMELPILZ
"Penicillium notatum"

Kapitel 3

In dem Timo unsanft auf dem Hosenboden landet

„Wow, dieser Insulin-Pen ist echt eine coole Erfindung“, sagt Jakob und klappt das Buch zu, aus dem er den anderen ziemlich viel vorgelesen hat. „Ich bin trotzdem froh, dass ich nicht Diabetes habe.“ – „Ich auch“, meint Timo. „Klar, dann könntest du nicht mehr so viel Süßes essen, du Schleckermaul“, lacht Lena. „Vielleicht ist euer Uropa Ludwig ja auch Diabetiker und hat deshalb hier in der Truhe einen Insulin-Pen“, überlegt Charlotte.

Doch Jakob ist mit den Gedanken schon wieder weiter. „Dass es auch nützliche Bakterien gibt, wusste ich gar nicht“, gibt er zu. „Oh, der kleine Professor hat auch mal etwas dazugelernt“, stichelt Charlotte. „Mama hat uns bisher immer nur erzählt, dass wir uns besser öfter die Hände waschen sollen, damit wir durch Bakterien nicht krank werden“, sagt Lena. In der Zwischenzeit hat sie mühsam das Etikett auf der braunen Flasche mit der Lupe entziffert. „Irgendwas mit „… illin“ am Ende“, meint sie. „Klar: Penicillin! Sicher stammt die Flasche aus einem Labor oder so“, ruft Jakob. „Aber wieso ist sie hier in dieser Truhe gelandet?“ – „Hatschi“, Timo muss auf einmal mehrmals hintereinander niesen. „Na, hast du jetzt auch eine Allergie?“, fragt Lena grinsend. „Vielleicht kommt das durch den Staub, der hier oben so rumfliegt.“

Timo ist langweilig geworden und er schaut sich weiter auf dem Dachboden um, während die anderen ihre Nasen schon wieder in die Truhe stecken. „Mal sehen, welche komischen Sachen der Uropa hier noch so gesammelt hat", meint Jakob neugierig. „Hey, ist das etwa eine riesige Schwimmbrille?", ruft Charlotte und zieht eine große weiße Plastikbrille heraus. „Nein, so etwas muss Mama auch bei der Arbeit aufziehen", sagt Lena. „Das ist eine Schutzbrille." – „Und was ist das für ein Pulver hier? Ob uns das weiterhilft?" Jakob hat schon den Deckel von dem Gläschen abgeschraubt. „Mmhhh, das riecht wie Mamas frisch gewaschene Wäsche", schwärmt Lena. Charlotte hat in der Truhe eine Broschüre gefunden. Sie beginnt gerade darin zu blättern, als Timo mit einem lauten „Rumms" auf dem Hosenboden landet. Um ihn herum lauter alte dicke Bücher. „Aua!", ruft er und zieht ein Buch unter seinem Po hervor. „Was hast du denn nun schon wieder angestellt?" Lena ist schnell bei ihm und betrachtet die Unordnung. „Zeig mir mal das Buch", sagt Jakob. Der Titel lautet „Basiswissen Chemie". „Das scheint ein altes Schulbuch zu sein", meint er. „Ich glaube, wir bekommen auch bald Chemieunterricht in der Schule.

Aber was ist Chemie eigentlich genau?" Damit schnappt er sich das Buch und beginnt, den anderen daraus vorzulesen …

Boah, Chemie ist überall!

Was ist Chemie?

Chemie ist die Naturwissenschaft vom Aufbau, den Eigenschaften und Verbindungsmöglichkeiten chemischer Elemente. Insgesamt gibt es 118 dieser Elemente. Dazu gehören Metalle wie Eisen und Gold, Gase wie Sauerstoff und Helium, aber auch andere Stoffe wie Schwefel, Jod und Kalzium. Alles auf der Erde besteht entweder aus einem dieser chemischen Elemente alleine oder aus einer Zusammensetzung mehrerer chemischer Elemente. Eine Ritterrüstung zum Beispiel kann aus reinem Eisen bestehen. Wasser dagegen ist eine Verbindung von Wasserstoff und Sauerstoff.

Phänomenal …

… ist, dass chemische Stoffe, zum Beispiel Säuren und Basen, auch im menschlichen Körper vorkommen. Dort laufen sehr viele chemische Prozesse ab, ohne die der menschliche Organismus nicht funktionieren könnte!

Zum Beispiel **wird für die Verdauung in unserem Magen Salzsäure benötigt**, die der Körper selber herstellt. Wir sind also alle eigentlich kleine „Chemiefabriken".

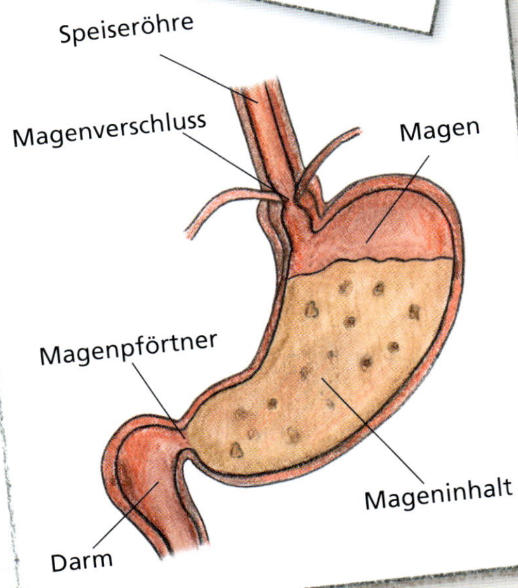

Chemie in unserem Alltag!

Chemie macht unser Leben leichter, sicherer, bequemer und bunter. **Durch chemische Reaktionen können Verbindungen zwischen Elementen gebrochen werden und neue entstehen** – diese haben dann oft ganz andere Eigenschaften als die Ausgangsstoffe. Das macht sich die chemische Industrie zunutze und stellt so all die vielen Dinge her, die wir in unserem Alltag benötigen. Diese **chemischen Verbindungen werden bei der Herstellung von Waschmitteln, Klebstoffen und Parfüms, in der Lebensmittel-, Papier- und Pharmaindustrie** und für vieles, vieles mehr genutzt.

Süßes oder Saures

Süß schmeckt lecker! In vielen Säften und Süßigkeiten ist deshalb meist Zucker enthalten. Oft wird statt Zucker aber auch ein sogenannter **Süßstoff** verwendet.

Im Industriepark Höchst wird so eine Verbindung hergestellt, die **200-mal süßer ist als Zucker.** Grundsätzlich sollte aber jeder nur wenig Süßes zu sich nehmen!

Was hält das Wasser im Schwimmbad rein?

Damit das Wasser im Schwimmbad immer schön sauber und rein bleibt, muss es regelmäßig gewechselt werden. Aber das alleine würde nicht ausreichen. Deshalb wird **das Wasser mit Chlorbleichlauge desinfiziert** – krankheitserregende Keime haben so keine Chance!

Saubere Sache

Waschmittel machen Wäsche wieder sauber. Sie enthalten Tenside, die dabei helfen, dass sich Wasser mit den Flecken verbinden kann und diese aus der Wäsche entfernt. Außerdem sind in Waschmitteln noch viele weitere Inhaltsstoffe wie Bleichmittel, Entkalker, optische Aufheller und Parfümstoffe für den guten Duft.

Im Industriepark Höchst wird nach Waschmitteln geforscht, die noch besser waschen sollen als die, die man bereits kaufen kann.

Echt ätzend!

Säuren und Basen (auch Laugen genannt) sind wichtige chemische Verbindungen. Ohne **Fruchtsäure** schmeckt zum Beispiel ein Apfel oder eine Orange langweilig! Und in der Bäckerei gäbe es keine Laugenbrezeln, denn sie werden vor dem Backen ganz kurz mit einer stark verdünnten, **lebensmitteltauglichen Natronlauge** behandelt. Das macht sie so schön braun und lecker. Natronlauge ist auch ein wichtiger Bestandteil in der chemischen Industrie.

Aber Vorsicht: Säuren und Basen sind ätzend und greifen Augen und Haut an. Manche Tiere benutzen diesen Effekt übrigens, um sich zu verteidigen: **Ameisen sondern Säure ab, wenn sie sich angegriffen fühlen!**

Das hält „BOMBENSICHER"!

Wer viel bastelt, braucht einen guten Kleber. Nicht nur in der Schule, auch in Handwerksbetrieben. Dort benötigt man zum Beispiel **Holzleim oder Fliesenkleber.**

Kleber wird aus **chemischen Grundstoffen** hergestellt, und obwohl er meist flüssig aus der Tube kommt, besteht er aus einem Feststoff, dem Polyvinylacetat. Das wird in einer speziellen Flüssigkeit gelöst. So kann man den Kleber gut auftragen. Wenn **das Lösungsmittel** dann beim Trocknen **des Klebers verdampft,** bleibt der Feststoff **wie eine Brücke** zwischen den Klebeteilen erhalten.

Kapitel 4

In dem ein „Gespenst“ über den Dachboden tanzt

Nicht alle Begriffe in dem Chemie-Buch konnte Jakob auf Anhieb richtig aussprechen. Aber einige Dinge kamen den Kindern bekannt vor, zum Beispiel, dass man im Schwimmbad Chlor ins Wasser gibt, damit alle Krankheitserreger abgetötet werden. Und von Fruchtsäure hatten sie auch schon gehört und das Wort auf den Saftflaschen, die Mama kauft, gelesen.

„Aber hast du gewusst, dass Chemie überall um uns herum ist, sogar in unserem Körper?“, fragt Lena ihren Cousin erstaunt. „Nee, so genau natürlich nicht“, gibt er zu. „Es wäre echt toll, wenn wir selbst mal ein bisschen experimentieren könnten“, sagt Jakob mit glänzenden Augen. „Ja, aber du hast ja auch gelesen, dass man sehr aufpassen muss“, versucht Lena ihn zu bremsen.

Charlotte hat in der Zwischenzeit einen merkwürdigen weißen Mantel aus der Truhe gefischt. Mit dem übergroßen Kittel und der Brille tanzt sie ausgelassen über den Dachboden. „Lustig, du siehst ja aus wie ein Brillengespenst!“, ruft Lena. „Ich glaube, den Kittel hat Mama früher bei ihrer Arbeit angehabt“, fällt ihr ein. Mama hatte ihnen mal ein Foto gezeigt, wo sie an ihrem Arbeitsplatz zu sehen war. „Aber wie kommt der Kittel in diese Truhe hier, das ist doch echt ein Rätsel, und was hat er mit all den anderen Sachen zu tun, die wir schon gefunden haben?“, grübelt Jakob. „Wir müssen herausfinden, was Uropa Ludwig eigentlich früher mal gemacht hat. Vielleicht verstehen wir dann, was diese Fundstücke zu bedeuten haben. Kommt, lasst uns mal weiter schauen, was noch alles in der Truhe ist!“

Timo sitzt schmollend in der Ecke, weil Lena ihm so gemein das Buch unter dem Po weggezogen hat. Charlotte versucht ihn zu trösten, aber Timo bleibt stur, und so geht Charlotte zu den beiden anderen zur Truhe zurück. „Oh, das sind ja meine Lieblings-Chips!“ Lena zieht eine leere Chipstüte hervor. „Schade, nichts mehr drin!“ – „Die hätten sowieso nicht mehr geschmeckt“, sagt Jakob besserwisserisch und zeigt stolz seine weiteren „Schätze“ aus der Truhe: ein etwas zerfledderter Zeitungsartikel, ein dickes Notizbuch – und sogar ein echtes Handy in einer merkwürdigen durchsichtigen Verpackung!! „Mensch, wie cool, damit können wir doch jemanden anrufen“, meint Charlotte sofort. „Das Handy funktioniert vielleicht gar nicht mehr“, bemerkt Jakob.

Lena hat unterdessen eine silberne Kugel aus der Truhe gehoben „Puuh, die ist aber schwer!“, meint sie. Und schon poltert die Kugel über den Dachboden. „Was ist denn bei euch da oben los?“, ruft Mama. „Nichts, schon gut Mama!“, schreit Lena aufgeregt zurück. Jakob blättert mit leuchtenden Augen in dem Notizbuch. „Hört mal, hier steht ganz viel über Kunststoffe. Das könnte mit unseren Fundstücken zusammenhängen.“ Gebannt schauen die anderen Jakob an und er beginnt vorzulesen …

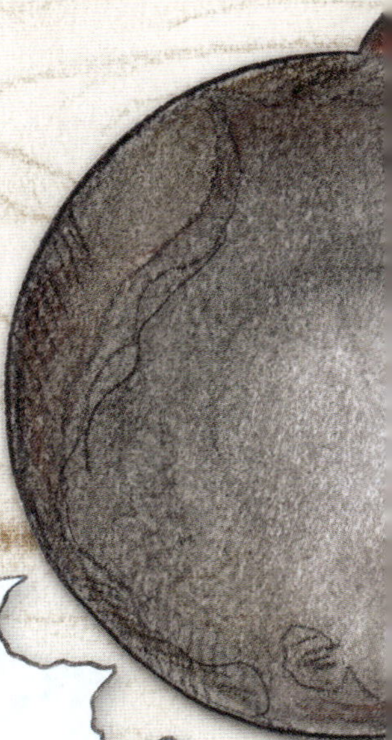

Kunststoffe sind Tausendsassas …

Holz, Glas, Metall, Papier – das sind wunderbare Materialien, mit denen man viel machen kann. Aber nicht alles! Eine Rohrleitung aus Holz oder eine Zahnbürste aus Glas – das wäre nicht so praktisch. Dafür gibt es in der modernen Welt die sogenannten Kunststoffe, umgangssprachlich auch „Plastik“ genannt.

Plastik kommt vom griechischen Wort „plastos“ für formen – und darin steckt auch der große Vorteil der Kunststoffe. Das Material kann in fast jede Form gegossen oder gepresst werden. Kunststoffe sind viel leichter als andere Materialien (beispielsweise Stahl) und sehr haltbar. Sie werden deshalb fast überall eingesetzt: in der Verpackungs- und Bauindustrie, der Medizin, in Sport, Freizeit, Haushalt, Landwirtschaft, Fahrzeugbau …

Alles sicher verpackt

Viele tausend Produkte müssen täglich verpackt werden, und vor allem für **Lebensmittelverpackungen** sind die Ansprüche hoch. Sie müssen die Nahrung schützen, also nichts von außen an die Lebensmittel heranlassen. Und sie sollen leicht, sehr haltbar und geschmacksneutral sein. Moderne **Polyethylen-Kunststoffe** aus dem Industriepark Höchst sind dafür genau richtig!

Beeindruckend …

… ist, dass Kunststoffe aus dem Industriepark Höchst überall hinkommen! Und zwar mit der Post. Denn in der **Gummierung,** die **auf den Briefmarkenrückseiten** angebracht ist, sorgt ein Kunststoff dafür, dass die Briefmarke beim Anfeuchten auch klebt.

Der gleiche Kunststoff hilft bei **selbstklebenden Briefmarken** übrigens auch, damit sich die Marke gut vom Bogen abziehen und aufkleben lässt.

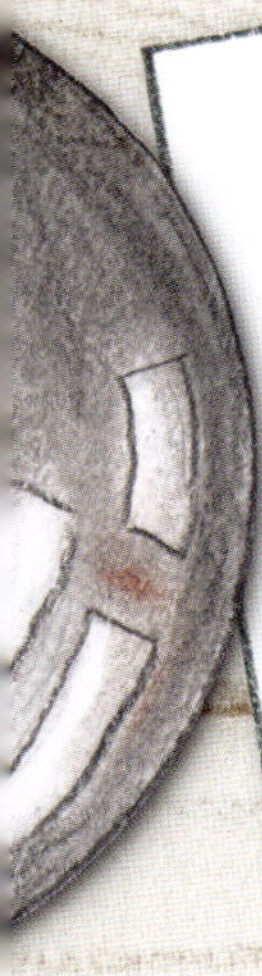

Gut geschützt

Glas ist ein sehr zerbrechliches Material. In der Architektur oder Automobilindustrie müssen in Scheiben deshalb besondere Sicherheitsfolien eingelegt werden, die Glasbruch verhindern. So zerspringen zwar die Frontscheiben bei einem Autounfall, doch sie zerbrechen nicht in tausend Scherben – die Fahrzeuginsassen sind also vor herumfliegenden Glasstücken gut geschützt.

Auch in der großen Glaskuppel des Reichstags in Berlin wird solches Sicherheitsglas verwendet. Der Rohstoff für diese Folie wird im Industriepark Höchst hergestellt.

Immer in den „Gelben Sack"

Kunststoffabfälle gehören in den **„Gelben Sack"**. Dann können aus Abfällen wieder neue, moderne Alltagsprodukte hergestellt werden, und die Umwelt wird geschont!

Überall zu finden

Computerspiele sind aus modernen Wohnzimmern gar nicht mehr wegzudenken: Wenn bunte Fantasiewelten entstehen, die ganze Familie Sport vor dem Fernseher macht oder witzige Wettrennen mit den Freunden ausgefochten werden, dann haben alle Spaß! Dafür kommen **Spielkonsolen** zum Einsatz – natürlich aus Kunststoff.

Noch so ein Alltags-Dauerbrenner sind **Handys** – gäbe es keine **ultraleichten Kunststoffe,** würden wir sie aber bestimmt nicht überall mit hinnehmen …

Kapitel 5

In dem die Spürnasen dem Rätsel der Truhe näher kommen

„Aha, jetzt verstehe ich, was es mit dieser schweren Kugel hier auf sich hat“, sagt Jakob und schlägt das Notizbuch zu. „Die nimmt man nicht zum Kugelstoßen, sondern sie gehört zum Kugeltest, mit dem man ausprobiert, ob die Autoscheiben sicher sind oder ob die Kugel durchfällt. Hoffentlich hat Uropa Ludwig das nicht bei seinem eigenen Auto ausprobiert“, lacht Jakob.

„Ja, und stell dir mal vor, man hätte nicht diese Kunststoffe erfunden“, überlegt Charlotte. „Wie sollte man sonst meine Lieblingswurst verpacken, damit sie nicht schimmelt?“ – „Oder wenn die Zahnbürsten aus Glas wären, müsste man dir ständig eine neue kaufen. Du schmeißt sie doch immer runter, Timo“, neckt Lena ihren kleinen Bruder, der schon wieder auf dem Dachboden unterwegs auf Entdeckungstour ist.

„Uropa Ludwig muss irgendetwas mit diesen ganzen Erfindungen aus dem Industriepark zu tun haben“, überlegt Jakob. „Meinst du, er hat die Kunststoffe erfunden?“ Lena strahlt über das ganze Gesicht. „Das wäre ja toll! Vielleicht ist unser Uropa ja weltberühmt!!“ – „Das wüsste ich aber“, bemerkt Jakob trocken. „Nein, vielleicht hat er aber mit anderen daran geforscht“, kommt es Jakob auf einmal in den Sinn.

„Ja, genau, das ist es – Uropa Ludwig war Forscher im Industriepark Höchst! Der liegt ja auch gleich um die Ecke. Kommt, lasst uns weitermachen. Ich will wissen, was er noch so gesammelt hat."

Lena findet ganz unten in der Truhe eine Schachtel und gerade, als sie den Deckel abheben möchte, kreischt Timo laut. „Da ist eine riesige Spinne. Sie ist mindestens einen Meter groß", ruft er erschrocken aus der anderen Ecke des Dachbodens. „Ach komm, kleiner Bruder, stell dich mal nicht so an", grinst Lena. „Schau mal lieber, was wir hier gefunden haben." Zusammen mit den anderen hat sie den Deckel der Schachtel abgehoben und folgendes darin entdeckt: ein Samentütchen, ein Buch mit vielen Pflanzenfotos und sogar echten gepressten Pflanzen zwischen den Buchseiten. In der Schachtel lag auch eine Einladung zum Tag der offenen Tür im Industriepark. „Oh, da gibt es ja riesige Glashäuser mit Pflanzen", ruft Charlotte, die schon mal neugierig reingeschaut hat. „Sicher haben die dort auch solche Riesenspinnen, willst du mal sehen, Timo?" Etwas beleidigt, aber doch neugierig geworden, geht Timo zu den anderen. „Los, jetzt geht's weiter …", sagt Jakob aufgeregt.

Wie funktionieren Pflanzenschutzmittel?

Damit Pflanzen geschützt werden

Die Natur und ihre Pflanzen sind etwas Wunderbares: Viele Menschen lieben Blumen oder andere Pflanzen zur Dekoration in Haus und Garten. Pflanzen sind aber nicht nur schön anzusehen, sondern auch wichtig – zum Beispiel für die Ernährung. Aus Getreide wird Mehl für unser Brot gemacht, Mais ist ein leckeres Gemüse, und aus Raps wird gesundes Speiseöl hergestellt. Diese Pflanzen werden auf Feldern oft von Unkräutern oder Insekten in ihrem Wachstum gestört. Damit die Landwirte in aller Welt genug Getreide, Obst und Gemüse ernten können, benötigen sie sogenannte Pflanzenschutzmittel.

Es gibt Mittel gegen Unkräuter, die Herbizide, und andere gegen schädliche Insekten, die Insektizide.

Chemische Pflanzenschutzmittel gegen Unkräuter werden auch im Industriepark Höchst in großen Anlagen hergestellt. Viele Pflanzenforscher arbeiten dort auch an immer besseren Substanzen, die schonend für unsere Umwelt sind und trotzdem gegen Schädlinge wirken.

Pflanzenschutzmittel sind chemische Substanzen, die **Pilze, schädliche Insekten oder auch Unkräuter abtöten** und auf diese Weise Kulturpflanzen wie **Getreide und Reis helfen, gesund zu reifen** ... Aber wie geht denn das?

Im Industriepark Höchst entwickelten Forscher Ende der siebziger Jahre eine clevere Technologie: Manche **Pflanzenschutzmittel** enthalten beispielsweise Substanzen, die dafür sorgen, dass der Giftwirkstoff **in der zu schützenden Pflanze abgebaut wird und ihr nicht schadet.** Er **wirkt nur bei den Unkräutern.** Diese Technologie funktioniert aber nicht bei allen Pflanzen.

VORSICHT: Nicht anfassen!

Pflanzenschutzmittel enthalten **giftige Substanzen.**

Beim Auftragen muss deshalb immer Schutzkleidung wie **Mundschutz und Handschuhe** getragen werden.

Fast so groß wie ein Fußballfeld

Bevor die Pflanzenschutzmittel verkauft werden können, müssen sie lange erforscht und getestet werden. Denn nicht nur die Wirkung, sondern auch die **Verträglichkeit für die Umwelt** spielt eine wichtige Rolle. Zuerst werden die Substanzen **im Labor an kleinen Pflanzenproben getestet** und analysiert. Dabei werden die wirksamsten **Verbindungen erkannt und dann weiter verbessert.** Diesen Prozess nennt man Screening. Im Anschluss müssen sich die Wirkstoffe bei Tests in Gewächshäusern bewähren.

Im Industriepark Höchst stehen **Gewächshäuser auf einer Fläche, die fast so groß ist wie ein ganzes Fußballfeld.** Außerdem überprüfen Forscher in Versuchsstationen auf der ganzen Welt, wie die Substanzen bei unterschiedlichen Wetterbedingungen auf andere Pflanzen oder die Umwelt wirken.

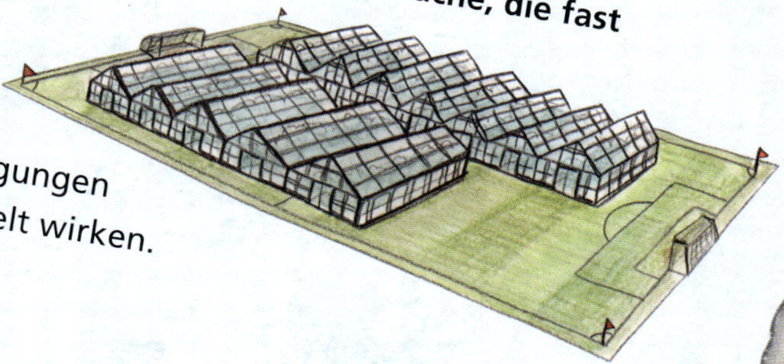

Pflanzen stärker machen

Die Forscher arbeiten nicht nur an neuen Substanzen für Pflanzenschutzmittel, sondern auch an neuen Saatkörnern, aus denen die Pflanzen wachsen. Da es immer mehr Klimaveränderungen gibt, will man die **Pflanzen in der Landwirtschaft stärker machen.** Sie sollen widerstandsfähiger sein gegen lange Trockenperioden oder extreme Temperaturschwankungen.

Denn wenn die Ernten dadurch ausfallen, haben viele Menschen auf der Welt nichts mehr zu essen. Deshalb arbeiten Forscher übrigens vermehrt auf dem Gebiet der **Pflanzen-Biotechnologie.** Diese Technologie erlaubt es, Eigenschaften genetisch in das Saatgut zu bringen, um die Pflanzen stärker zu machen.

Kapitel 6

In dem die Vier nach Antworten im Internet suchen

„So langsam krieg' ich jetzt echt Hunger und Durst", mault Timo. „Wollen wir nicht mal unten fragen, ob wir was essen und trinken können?" – „Ja, gleich", meint Lena und schaut ganz fasziniert auf das Samentütchen, das sie in der Truhe gefunden hat. „Ob aus diesen Samen auch ganz starke Pflanzen wachsen können?" – „Ich hätte richtig Lust, durch diese riesigen Gewächshäuser im Industriepark zu laufen", sagt Charlotte. „So viele Pflanzen auf einmal brauchen bestimmt ganz viel Wasser."

Auch Jakob knurrt der Magen, aber die Neugier siegt, denn nur noch wenige Dinge liegen in der Truhe. „Jetzt haben wir schon so viel über diesen Industriepark herausgefunden, lasst uns noch die letzten Sachen untersuchen, bevor wir runtergehen." Jakob zieht eine Broschüre mit dem Titel „Umweltschutz" hervor. Charlotte hat auch noch etwas gefunden. „Schaut mal hier!" Sie hat einen viel zu großen, schon etwas brüchigen Bauarbeiterhelm auf dem Kopf

und grinst. „Das muss ja ein richtiger Dickschädel gewesen sein. Aber euer Uropa ist doch so nett!?"

„Ich habe Hunger bekommen", sagt Jakob. „Und in dieser Broschüre stehen so viele Wörter, die ich nicht verstehe, wie zum Beispiel Kraft-Wärme-Kopplung. Vielleicht können wir ja mal euren Papa fragen, ob wir auf seinem Smartphone einige Begriffe im Internet suchen können." – „Ja, das ist eine gute Idee", strahlt Lena. „Und dabei können wir uns auch etwas zu essen und zu trinken holen. Los!"

Und schon poltern Lena, Charlotte, Jakob und Timo die Treppen herunter. Papa Felix ist gerade dabei, altes Geschirr im Esszimmer in Kisten zu verpacken. „Du Papa", sagt Lena. „Wir brauchen mal deine Hilfe. Wir müssen unbedingt im Internet nach einigen schwierigen Wörtern suchen. Dürfen wir mal dein Smartphone haben?"

„Na, das hört sich ja sehr wichtig an", schmunzelt Papa und holt das Smartphone aus seiner Jackentasche. „Da bin ich aber schon gespannt. Um welche Wörter geht es denn?" Die vier Spürnasen setzen sich zu Papa an den Tisch und schon geht es los…

Wie funktioniert ein Industriepark?

Der Industriepark Höchst ist so groß wie eine kleine Stadt. Mehr als 22.000 Menschen arbeiten dort für etwa 90 unterschiedliche Firmen.

In den vielen chemischen Anlagen werden zahlreiche Substanzen produziert. Die meisten von ihnen sind Vorprodukte, die von anderen Herstellern in der ganzen Welt zu Dingen weiterverarbeitet werden, die die Menschen im Alltag einsetzen.

In riesigen Lagern werden die Produkte im Industriepark gesammelt und dann entweder per LKW, Schiff oder mit der Bahn an ihren Bestimmungsort gebracht. Damit alles reibungslos funktioniert, gibt es einen Industrieparkbetreiber. Die Mitarbeiter sind quasi die „Manager" des Industrieparks. Sie bieten alles an, was die Firmen für die sichere Herstellung ihrer Produkte brauchen: von der Planung und dem Bau eines Gebäudes über die Lieferung der Energie bis zur Abfallentsorgung.

Aber sie sorgen auch für die Menschen im Industriepark: Es gibt Busverkehr, eine Arztpraxis, ein Ausbildungszentrum, eine eigene Hochschule und sogar Sportangebote!

Mit Sicherheit dabei

Etwa 150 Mitarbeiter kümmern sich im Industriepark Höchst Tag und Nacht um die Sicherheit. Das fängt schon bei der Anmeldung an den Eingängen an. Besucher und Fahrzeuge müssen kontrolliert und die Anlagen rund um die Uhr bewacht werden. Falls es einmal zu einem Betriebsunfall oder einer Störung kommt, sind die Feuerwehr und Rettungskräfte in wenigen Minuten vor Ort.

Schlau gedacht – gut genutzt!

Durch viele Rohrleitungen wird nicht nur Dampf auf die Reise geschickt. Die Industrieparkmanager versorgen die Firmen auch mit **Wasser zum Kühlen der Anlagen.** Um Wasser zu sparen, wird es durch einen Wasserkreislauf sogar **mehrfach genutzt.**

Voller Energie!

So richtig Dampf machen – das kann das riesige Kraftwerk im Industriepark. Es liefert Dampf und Strom als Energie, die für die Herstellung der Chemieprodukte über Rohrleitungen direkt in die Anlagen transportiert wird. **Mit der Menge Dampf könnten 140.000 Einfamilienhäuser pro Jahr beheizt werden, die Strommenge würde etwa 700.000 Häuser versorgen.** Die Tüftler und Experten im Industriepark haben sogar eine Energieanlage gebaut, in der aus Abfällen wie Essensresten Strom erzeugt wird. Eine andere, die Ersatzbrennstoff-Anlage, erzeugt die Energie durch das Verbrennen von Abfällen, die man nicht mehr auf Abfalldeponien lagern darf. Sie ist so groß wie fünf Fußballfelder.

Saubere Chemie – das geht

Früher waren die Flüsse und die Luft rund um chemische Anlagen oft stark belastet. Heute gibt es überall **moderne Umweltschutzanlagen,** die bei einer chemischen Produktion vorgeschrieben sind.

So kümmern sich beispielsweise im Industriepark Bakterien um die Reinigung der Abwässer. Sie können den Schmutz „fressen". Übrig bleibt ein Schlamm, der in einer Anlage verbrannt wird.

Die Luft aus den Anlagen wird ebenfalls durch eine spezielle Technik von Schadstoffen befreit. **Regelmäßige Luftmessungen kontrollieren die Luftqualität.** Trotzdem kann es vorkommen, dass es manchmal rund um den Industriepark etwas „riecht". Das lässt sich leider nicht ganz verhindern.

Zwei „schmutzfressende" Bakterien

Kapitel 7

In dem alle einen riesigen Schreck bekommen

„In diesem Industriepark gibt es sogar so viele Menschen wie in einer kleinen Stadt, das ist ja cool", sagt Lena, während sie, noch ein Brötchen mampfend, mit den anderen wieder langsam die Treppen hochsteigt. „Dass man sogar aus Abfall Energie machen kann, finde ich genial. Dann liegt er wenigstens auch nirgends rum", meint Jakob.

Papa Felix, der als Feuerwehrmann im Industriepark Höchst arbeitet, hatte ihnen noch einiges über seine Aufgaben und die vielen Tätigkeiten der „Industrieparkbetreiber" erzählen können. „Auch Uropa Ludwig hat früher dort geforscht", hatte Papa gesagt und Jakob musste dabei grinsen. Dann war ihre Vermutung doch richtig! Als Papa wissen wollte, wie sie auf das Thema gekommen sind, hätte sich Timo fast verplappert. Aber Lena hatte ihn in die Seite geknufft und schnell alle nach oben geschickt. Sie wollten ihr „Truhengeheimnis" doch nicht verraten.

„Vielleicht sollten wir eurem Uropa Ludwig die Truhe in das Altersheim bringen", schlägt Charlotte vor. „Darüber würde er sich sicher sehr freuen." Mit einem kräftigen Ruck öffnet sie die Dachbodenklappe. „Dann lasst uns mal alle Sachen wieder in die …" Mitten im Satz hört sie auf zu sprechen. „Was ist los?", fragt Lena ein bisschen genervt und die anderen beeilen sich heraufzuklettern. „Die Truhe ist weg!", rufen alle wie aus einem Mund und schauen sich erschrocken an. „Aber, aber, das kann doch nicht sein", stammelt Lena kurz vorm Weinen. „Sie kann doch nicht einfach verschwunden sein."

„Vielleicht hat sie ja ein Dieb in der Zwischenzeit geklaut, weil er die Sachen irgendwo verkaufen will“, meint Timo. „Was machen wir denn jetzt?“ Auch Jakob steht reglos da. Mit so etwas hat er wirklich nicht gerechnet. Wo zum Kuckuck ist die Truhe?

Auf dem Boden liegt nur noch ein Heft, das der Dieb wohl vergessen hat. Es trägt den Titel „Neue Entdeckungen“. Ob darin vielleicht ein Hinweis steckt, wer die Truhe geklaut haben könnte? Jakob beginnt vorzulesen …

Immer wieder gibt es neue Entdeckungen

Durch die vielen guten Ideen von Forschern und Erfindern können Probleme gelöst und neue Dinge entdeckt werden, die wir für unser Leben nutzen können.

Vor mehr als hundert Jahren gab es keine Waschmaschinen, Fernseher oder Computer! Damals machten aber auch schon viele kluge Menschen wichtige Entdeckungen. Ohne sie wären die modernen Erfindungen von heute nicht möglich gewesen.

Dort, wo der Industriepark Höchst angesiedelt ist, standen schon vor etwa 150 Jahren die ersten chemischen Fabriken. Mit der Herstellung von Farben fing es an. Schon bald darauf arbeiteten Forscher auch daran, Medikamente gegen viele schwere Krankheiten zu finden. Große Forscher der Medizingeschichte waren an diesem Standort tätig, zum Beispiel Paul Ehrlich, Robert Koch und Emil von Behring. Später entdeckte man die Möglichkeit, auch Kunststoffe und Pflanzenschutzmittel herzustellen.

Damals gehörten die Anlagen zu einer einzigen Firma, heute gibt es im Industriepark viele große und kleine Unternehmen.

Leichter durch die Luft

Auch bei Flugzeugen kann man heute noch so einiges verbessern. So würde ein Flugzeug, das weniger wiegt, auch weniger Energie verbrauchen. Daher hat man angefangen, Teile des Flugzeugflügels aus **Metall durch Kunststoffteile zu ersetzen.**

Diese neue Entwicklung hilft, **20 Prozent des Gewichts und der Baukosten einzusparen.**

Ohne Abgase unterwegs

Wie wohl die Autos der Zukunft aussehen? Das weiß heute noch niemand. Sie sollten auf jeden Fall **die Umwelt schonen.**

Im Industriepark Höchst gibt es bereits ein Auto, das statt mit Benzin, mit Wasserstoff betankt wird – an **der ersten öffentlichen Wasserstoff-Tankstelle Hessens.**

Wasserstoff entsteht im Industriepark als Abfallprodukt bei der Chlorherstellung. Das Auto fährt mit diesem besonderen „Abfall" aber super, und **es entstehen keine Abgase!**

Moderne Technik für ältere Patienten.

Den Lebensjahren Leben geben

Ein Kind, das heute in Deutschland geboren wird, hat gute Chancen 80 Jahre und älter zu werden. Auch in den meisten anderen Ländern der Erde steigt die Lebenserwartung.

Dass die Menschen heute immer älter werden, ist zu einem guten Teil Medikamenten zu verdanken. Aber zusätzliche Lebensjahre allein zählen nicht. Die Menschen sollen ihr Alter auch genießen können.

Besonders solche alte Menschen, die ganz alleine zu Hause leben, brauchen darum Unterstützung – umso mehr, wenn sie krank sind. Mitarbeiter im Industriepark arbeiten deshalb auch an technischen Geräten, mit denen eine Krankheit aus der Ferne von einem Arzt überwacht werden kann.

Chemie hilft Energie zu sparen

Heute wird unsere Energie zum größten Teil aus Erdöl und Erdgas gewonnen. Aber irgendwann werden diese **Energiequellen** nicht mehr ausreichen, um alle Menschen auf der Erde zu versorgen.

Durch die Chemieforschung kann man heute jedoch andere **Energiequellen wie Wind- oder Solarenergie** nutzen. Außerdem suchen die Forscher nach Möglichkeiten, Energie einzusparen – zum Beispiel durch **neue Dämmmaterialien für Häuser oder geringeren Energieverbrauch in chemischen Verfahren.** Und man arbeitet an Techniken, die Energie besser speichern können, wie in **Batterien für Fahrzeuge.**

Kapitel 8

In dem alles ein gutes Ende findet

Timo, Lena, Charlotte und Jakob schnaufen tief durch. Das, was sie in dem Heft gelesen haben, klingt wirklich toll. Besonders das Wasserstoffauto finden sie total cool. Und wie wichtig es ist, das Leben für ältere Menschen zu vereinfachen, sehen sie jetzt ja an Uropa Ludwig. Aber, was könnte der Dieb nur mit der Truhe und den Fundstücken anfangen? Denn alles, was sie in den vergangenen Stunden über Chemie und den Industriepark Höchst herausgefunden haben, sind doch keine Geheimnisse. Auch wenn es für sie total spannend klingt!

„Ich glaube, jetzt ist es soweit, dass wir Mama und Papa von der Truhe erzählen müssen", seufzt Lena. „Vielleicht haben sie ja noch eine Idee, wo sie hingekommen sein könnte." – „Ja, ich glaube, du hast recht", gibt Jakob zu. „Lasst uns nach unten gehen."

Ziemlich niedergeschlagen stapfen die Vier die Treppen herunter. „Du Mama", fängt Lena an. „Weißt du … ähm … da war so eine Truhe auf dem Dachboden und jetzt ist sie weg. Dabei waren wir doch nur mal ganz kurz unten in der Küche. Weißt du vielleicht, wo die Truhe sein könnte?" – „Ja, mein Schatz, die habe ich vorhin ganz allein die Stufen runtergeschleppt", antwortet Mama. „Vorher musste ich allerdings noch einige Dinge einräumen, die um die Truhe herum lagen. Ich dachte, ihr wolltet helfen und kein Chaos machen. Die Truhe war übrigens ziemlich schwer!" – „Waaaaas und wo ist sie jetzt?", fragen Charlotte, Lena und Jakob aufgeregt. „Die habe ich natürlich zum Sperrmüll gestellt. Was soll denn Ludwig damit anfangen? Und ihr seid zum Piraten- und Schatztruhe-Spielen ja auch schon zu groß, oder?"

Den letzten Satz haben die Spürnasen gar nicht mehr so richtig mitbekommen. Schnell sind sie rausgeflitzt und … tatsächlich: Vor der Tür auf dem Bürgersteig entdecken sie die Truhe.

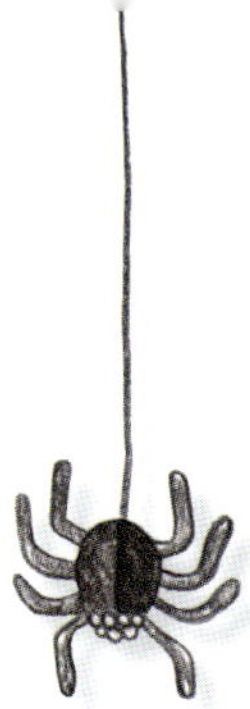

Jakob macht sofort den Deckel auf. „Puuh, das ist noch einmal gut gegangen", sagt er. „Es scheint nichts zu fehlen." Gemeinsam tragen sie die Truhe zum Lieferwagen, in den Papa gerade die letzten Kisten für die erste Fuhre zu Uropa eingeräumt hat. „Halt Papa, das hier muss unbedingt mit. Uropa wird sich bestimmt über diese Erinnerungen freuen. Und er muss uns unbedingt noch mehr über seine Arbeit als Forscher erzählen. Das ist ja super interessant", sagt Lena, und die anderen nicken strahlend. Der Nachmittag in Uropas altem Haus war doch nicht so langweilig, wie sie befürchtet hatte,
ganz im Gegenteil!!!

Mini-Lexikon

Antibiotikum (Mehrzahl: Antibiotika)

Arzneistoffe, mit denen man Bakterien bekämpft, die Infektionskrankheiten auslösen. Aus dem Altgriechischen anti = gegen und bios = Leben. Das erste Antibiotikum war das von Alexander Fleming entdeckte Penicillin.

Chemische Reaktionen

Werden eine oder mehrere chemische Verbindungen in andere umgewandelt, spricht man von einer chemischen Reaktion. Das passiert meist in mehreren Schritten. Eine bekannte chemische Reaktion ist zum Beispiel die Oxidation durch Luftsauerstoff: Eisen rostet oder ein angeschnittener Apfel verfärbt sich braun.

Coli-Bakterien (Escherichia coli, abgekürzt E. coli)

Ein Bakterium, das im Darm von Menschen und Tieren vorkommt. Es wurde 1885 von Theodor Escherich entdeckt. Da das Bakterium zumeist gut verträglich ist, wird es heute vielfältig zur Herstellung von Hormonen und Arzneistoffen eingesetzt.

Dämmmaterialien

Stoffe, die zum Beispiel am Haus dafür sorgen sollen, dass die Wärme nicht nach außen dringt und die Kälte nicht nach innen. Es gibt natürliche Dämmstoffe wie Holz- und Schafwolle oder Kork sowie chemisch hergestellte wie Styropor. Die neuesten Materialien heißen Neopor und Aerogel. Sie sind dünner und leichter, dämmen aber genauso gut oder sogar noch besser.

Forschung für die Zukunft

Die Forschung in Bereichen wie Medizin, Umwelt oder Biologie ist eine wichtige Voraussetzung dafür, das Leben auf der Erde auch in Zukunft lebenswert zu erhalten oder zu verbessern. Je mehr wir durch die Forschung erfahren, umso mehr Probleme können wir lösen.

Galenik

Lehre zur Herstellung von Arzneimitteln. Der Name geht zurück auf den Arzt und Naturforscher Galenos, der im 2. Jahrhundert in Pergamon in Griechenland gelebt hat. Unter der Galenik von Arzneimitteln versteht man auch die verschiedenen Formen wie Tabletten, Cremes oder Säfte.

Infrastruktur (aus dem Lateinischen infra „unterhalb" und structura „Zusammenfügung")

Im übertragenen Sinne der „Unterbau". Darunter versteht man wichtige Einrichtungen, die helfen, besser zu leben und zu arbeiten. Im öffentlichen Leben gehören dazu beispielsweise Straßen, Schulen, Krankenhäuser oder Kindergärten. In der Industrie sind es etwa Kraftwerke, Umweltschutzanlagen oder Rohrleitungssysteme.

Kraft-Wärme-Kopplung

Umweltfreundliches Prinzip der gleichzeitigen Herstellung von Wärme und Strom in einem Kraftwerk. Die bei der Stromherstellung übrig bleibende Wärme wird nicht einfach in die Umwelt abgegeben, sondern als Dampf genutzt, um zum Beispiel Gebäude zu heizen oder um in Industrieanlagen Produkte herzustellen. Hier heißt dieser Dampf dann „Prozessdampf".

Kulturpflanzen

Im Gegensatz zu natürlichen, wild wachsenden Pflanzen, werden Kulturpflanzen vom Menschen zielgerichtet gezüchtet. Man unterscheidet dabei Zierpflanzen wie Blumen und Sträucher und Nutzpflanzen wie Obst, Gemüse und Getreide.

Kunststoffarten

Kunststoffe entstehen, wenn man viele kleine Moleküle (Monomere) zu großen Makromolekülen (Polymere) verknüpft. Je nachdem, welches Verfahren man für die Verknüpfung anwendet und welche Monomere eingesetzt werden, entstehen verschiedene Arten von Kunststoffen: Thermoplaste, Duroplaste, Elastomere und Thermoplastische Elastomere.

Lichtecht

Farben sind dann lichtecht, wenn sie sich nicht durch das Sonnenlicht oder durch künstliches Licht verändern. 1864 trug die französische Kaiserin Eugénie ein grünes Abendkleid, das auch unter künstlichem Gaslicht nicht blau leuchtete. Es war mit dem weltweit ersten lichtechten Farbstoff Aldehydgrün eingefärbt. Heute sind lichtechte Farbstoffe zum Beispiel auch für Lacke und Textilfarbstoffe wichtig, die im Freien eingesetzt werden sollen.

Periodensystem der Elemente (PSE)

Entwickelt wurde diese Tabelle von den Chemikern Dmitri Mendelejew (1834 –1907) und Lothar Meyer (1830–1895). Sie hatten die Idee, alle chemischen Elemente (z.B. Eisen, Sauerstoff und Chlor) auf einen Blick darzustellen. Sie ordneten sie nach ihrer Größe und Masse sowie ihren Eigenschaften. Weil immer weitere Elemente entdeckt werden, wächst das PSE – zurzeit enthält es 118 Elemente.

Pollen

Sammelbegriff für winzig kleine Pollenkörner, die in den Blüten von Pflanzen und Bäumen gebildet werden. Ein anderer Name für die Pollenkörner ist Blütenstaub. Er wird durch Insekten und den Wind weitergetragen. Viele Menschen reagieren darauf allergisch. Im Pollenflugkalender kann man nachlesen, in welchen Monaten die verschiedenen Pollen fliegen.

Recycling (englisch für: Wiederverwertung)

Damit die Müllberge nicht stetig wachsen und Rohstoffe gespart werden, sollte so viel Müll wie möglich recycelt (sprich: riseikelt) werden. Vieles, was wir täglich wegwerfen, kann nämlich wiederverwendet werden, zum Beispiel Glas und Papier. Verpackungen mit dem „Grünen Punkt", also zum Beispiel Joghurtbecher aus Kunststoff, gehören in den „Gelben Sack". Dann können daraus auch wieder neue Produkte entstehen.

Screening (sprich: Skriening, englisch für: Durchleuchten)

Tests oder Prüfungen, um bestimmte Eigenschaften oder Merkmale festzustellen. Screenings werden in der Entwicklung von Pflanzenschutzmitteln, aber auch häufig innerhalb der Medizinforschung durchgeführt, zum Beispiel um Krankheiten frühzeitig zu erkennen und geeignete Arzneimittel zu entwickeln.

Mini-Lexikon

Sicherheitsfolien

Sie werden verwendet, um Glas vor Bruch zu schützen. Die Folien werden zwischen zwei Glasscheiben gepresst und sind danach praktisch unsichtbar. Es gibt farblose, getönte und sogar geräuschdämmende Folien. Eingesetzt wird Glas mit Sicherheitsfolie hauptsächlich im Auto und auch in der Architektur.

Wasserkreislauf

In der Industrie nutzt man Wasserkreisläufe, um kostbares Wasser zu sparen. Wasser wird aus der Natur, etwa einem Fluss, entnommen, mehrfach genutzt und nach der Reinigung wieder in die Natur geleitet. Der große Wasserkreislauf der Erde sorgt, angetrieben von der Sonne, für die Entstehung der Wolken und erneuert die Wasservorräte der Seen, Flüsse und Meere.

Wasserstoff als Energiespeicher und Kraftstoff

Verbindet sich das Element Wasserstoff mit anderen Elementen, wird (meistens) Energie frei, die gespeichert werden kann. Wasserstoff wird auch als alternativer Kraftstoff für Fahrzeuge verwendet – allerdings bisher noch in geringem Maß. Dies könnte sich in 30 bis 50 Jahren ändern, da andere Energieträger wie Erdöl knapp werden.

Waste to Energy (sprich: Wäist tu Enerdschi, englisch für: Energiegewinnung aus Abfällen)

Einige Abfälle aus Industrie und Haushalten können nicht mehr recycelt werden. Aber man kann sie nutzen, um daraus Energie zu gewinnen. Manche dieser Abfälle kann man direkt verbrennen und so Strom und Wärme erzeugen. Aus Abfällen, die nicht gut brennen aber verfaulen, kann man dagegen Biogas erzeugen, das dann für die Energiegewinnung verbrannt wird.

BILDNACHWEIS

Seite 6, Johann Wolfgang von Goethe – fotolia/Georgios Kollidas (#32215938)
Seite 7, Industrieanlagen 1, 2 und 3 – Infraserv GmbH & Co. Höchst KG
Seite 7, T-Shirts – fotolia/BEAUTYofLIFE (#18643274)
Seite 10, Zuckerwürfel – fotolia/picsfive (#32335138)
Seite 14, Hand und Tasse – fotolia/PicturerFactory (#25996561) und fotolia/leroy131 (#50659439)
Seite 15, Waschmaschine – fotolia/g215 (#41637371)
Seite 19, Reichstagskuppel – istockphoto/Ziutograf (#6339701)
Seite 22, Schädlinge – istockphoto/Viktor Kitaykin (#3810731)
Seite 22, Landwirtschaft – fotolia/nmann77 (#44718020)
Seite 23, Laborantin bei der Arbeit – fotolia/Dan Race (#25628707)
Seite 26, Luftaufnahmen IPH – Infraserv GmbH & Co. Höchst KG
Seite 26, Feuerwehrkräfte im Einsatz 1 und 2 – Infraserv GmbH & Co. Höchst KG
Seite 31, Wasserstoffauto – Infraserv GmbH & Co. Höchst KG
Seite 31, Solarenergie – fotolia/goldbany (#41686955)

Sie besucht die 3. Klasse und ist Timos große Schwester. Lena ist durch nichts zu erschrecken.

Sie geht mit Lena in eine Klasse und ist ihre beste Freundin. Charlotte ist ein kleiner Spaßvogel.

Papa Felix und Mama Martina sind die Eltern von Lena und Timo. Beide arbeiten im Industriepark Höchst.